LES CONSEILLERS PENSIONNAIRES

DE

LA VILLE DE SAINT-OMER

avec la description de leurs sceaux et armoiries

1317 A 1764

Par M. PAGART D'HERMANSART

Secrétaire-général de la Société des Antiquaires de la Morinie, membre correspondant de la Société des Antiquaires de France, de la Société des Études historiques de Paris, et de diverses autres Sociétés savantes françaises et étrangères.

SAINT-OMER
IMPRIMERIE ET LITHOGRAPHIE H. D'HOMONT
RUE DES CLOUTERIES, 14

1892

LES CONSEILLERS PENSIONNAIRES

DE

LA VILLE DE SAINT-OMER

1317 A 1764

Extrait du tome XXII des Mémoires de la Société des Antiquaires de la Morinie.

LES CONSEILLERS PENSIONNAIRES

DE

LA VILLE DE SAINT-OMER

AVEC LEURS SCEAUX ET ARMOIRIES

1317 A 1784

Par M. PAGART d'HERMANSART

Secrétaire-général de la Société des Antiquaires de la Morinie, membre correspondant de la Société des Antiquaires de France, de la Société des Études historiques de Paris, et de diverses autres Sociétés savantes françaises et étrangères.

SAINT-OMER
IMPRIMERIE ET LITHOGRAPHIE H. D'HOMONT
RUE DES CLOUTERIES, 14
1892

LES CONSEILLERS PENSIONNAIRES

DE LA VILLE DE SAINT-OMER

1317 à 1764

A côté du corps échevinal existait un personnel attaché à l'administration, dont les membres étaient appelés *officiers des bureaux de l'hôtel de ville* ou simplement *officiers de ville* [1]. Parmi eux, les *conseillers pensionnaires de la ville* étaient les plus importants parce que leurs attributions touchaient aussi bien à la justice qu'à l'administration, et embrassaient également les affaires extérieures ; on les appelait aussi simplement *conseillers de ville,* mais on distingua les *conseillers principaux* et les *conseillers seconds*.

Conseillers principaux.

Leur création. — Le Magistrat [2] était composé d'hommes pris parmi les familles les plus distinguées ou les plus influentes de la ville ; mais, habiles à administrer leurs concitoyens, ils pouvaient n'être

---

[1] C'étaient les conseillers pensionnaires, les procureurs de ville, les clers ou greffiers principaux, les greffiers du crime et de police, et les receveurs ou argentiers.
[2] On appelait *Magistrat* en Flandre, le corps des mayeur et échevins d'une ville.

pas aussi capables en matière de jurisprudence. De plus, en dehors de la cité, il y avait à traiter, soit devant divers tribunaux d'appel, soit à la cour des princes, une foule de questions qui exigeaient la présence d'un agent de l'échevinage ; et ni le mayeur ou son lieutenant, ni un échevin, ne pouvaient sans inconvénient quitter trop longtemps la ville et abandonner la direction des intérêts locaux qui leur étaient confiés. Aussi, de bonne heure, l'échevinage s'était adjoint des jurisconsultes capables de le diriger dans la conduite des affaires litigieuses, soit dans la ville même, soit au dehors.

La création des conseillers pensionnaires, ainsi nommés de la pension annuelle que leur allouait la ville, remonte à Saint-Omer au commencement du xiv⁰ siècle, car on trouve la mention de ces officiers dès 1317, sur l'un des registres au renouvellement de la loi. C'est d'ailleurs l'époque où ils furent créés dans les autres villes de Flandre ; on voit figurer en effet dans les comptes de la ville de Bruges, en 1315, les gages d'un conseiller pensionnaire. Mais en Artois l'état de conseiller pensionnaire n'était point de l'essence des municipalités, excepté pour la ville d'Arras qui en fut pourvue en 1394 ; en effet la ville de Béthune n'en eut qu'en 1757, lorsque l'intendant créa cette fonction en faveur de son subdélégué ; à Aire l'établissement d'un conseiller était aussi peu ancien, et les six autres villes d'Artois n'en avaient point [1].

Fonctions. — A l'origine, ces conseillers ne résidaient pas nécessairement à Saint-Omer ; les uns habitaient dans la ville où siégeait le tribunal d'ap-

[1] *Mémoire sur l'état de conseiller pensionnaire en Artois,* après l'édit de 1764 qui supprima cette fonction. (s. l. n. d.)

pel auprès duquel ils étaient employés par l'échevinage : Beauquesne et Montreuil avec leurs prévôtés, Amiens à cause de son bailliage royal, et Paris à raison de la juridiction du Parlement. C'étaient des hommes versés dans l'étude du droit, des avocats que le Magistrat choisissait dans ces villes pour leur confier la défense des intérêts communaux. Aussi en voit-on plusieurs nommés presque en même temps pour suivre diverses affaires de la ville devant un siège déterminé. Le 1er décembre 1361, Nicolas d'Arcy ou d'Arceus est chargé des procès devant le bailliage d'Amiens, et les 1er et 2 février de la même année on voit Rose, Rivault et Ligny le Châtel, avocats au Parlement de Paris, défendre également les intérêts de la cité devant cette même juridiction.

Cependant d'autres étaient reçus pour s'occuper aussi des affaires pendantes devant les juridictions royales de Saint-Omer et de celles traitées devant l'échevinage même, et ils se déplaçaient pour plaider devant d'autres tribunaux. Tels sont Pierre de Verchin qui, dès 1317, était reçu au conseil de la ville pour « parler au castel de Saint-Omer », c'est-à-dire devant le tribunal du châtelain « et ailleurs » ; Willes de Clermont, qui recevait en 1322 une pension différente selon qu'il plaidait en ville ou au dehors; Pierre de Maucreus qui devait « estre au consel de le ville, » au parlement et ailleurs », en 1331 [1].

A partir de 1364, lors de la nomination de Guy Ponche, les conseillers résidèrent à Saint-Omer, et s'occupèrent tant des affaires intérieures de la ville que de celles qui l'intéressaient à l'extérieur. Dès lors leurs fonctions furent doubles.

[1] Voir les listes publiées à la fin de ce travail.

Dans la ville, ils assistaient à toutes les assemblées et aux plaids des lundi, mercredi et vendredi, ils devaient être aussi présents aux audiences du tribunal inférieur du petit auditoire ; ils minutaient les résolutions, lettres et mémoires, leurs rapports devaient être écrits. Mais les échevins n'étaient point obligés de conformer leurs sentences à l'avis de leurs conseillers ; ces derniers n'avaient pas voix délibérative [1], ils opinaient seulement les premiers.

Ils faisaient la lecture des serments que les comtes d'Artois étaient dans l'usage de prêter lors de leur avènement, ils recevaient aussi ceux des baillis ou gouverneurs.

Ils assistaient aux délibérations que nécessitait l'examen des fréquentes modifications apportées par le souverain à l'élection annuelle du Magistrat, et ils donnaient leur avis relativement au maintien des privilèges de la ville. Ils parlaient même souvent au nom du corps échevinal. C'est ainsi qu'en 1500, c'est le conseiller principal qui, lors des élections du 19 février, protesta au nom de l'échevinage contre l'ordonnance décidant pour la première fois que les quatre premiers échevins seraient nommés par le grand bailli. En 1524, le conseiller Goffette prit aussi la parole pour transmettre à messire de Bulleux, maître d'hôtel de la reine douairière de Hongrie, régente des Pays-Bas, chargé de présider à l'élection, les observations du Magistrat relatives au maintien du mayeur élu l'année précédente. Ce zélé conseiller affirma encore en 1526, en présence de Denis de Bersaques, lieutenant général du bailliage, le droit de la ville de procéder la veille des

[1] Sauf à Arras.

Rois, et non plus tard, à l'élection des échevins.

On voit encore intervenir le conseiller principal lors de la réception de divers baillis, dont les lettres patentes contenaient diverses atteintes aux privilèges du Magistrat, en 1533 lors de la lecture des lettres nommant Jehan de Sainte-Aldegonde, s^r de Noircarme, en 1539 lors de la nomination de Jaque de Recourt, baron de Licques, en 1554, 1600, 1653 à propos des commissions de Robert de Montmorency, seigneur de Wismes, de Charles de Bonnières, seigneur de Souastre et de Maximilien de Lières, seigneur de Saint-Venant.

Ils convoquaient au besoin les personnes notables des trois états qui, aux termes de l'article 3 de l'ordonnance de 1449, devaient procéder à l'élection du corps municipal conjointement avec les mayeur et échevins en exercice et les dix jurés. En 1695, le 17 juillet, le premier conseiller pensionnaire Guillaume Le François eut même une difficulté avec l'évêque vers lequel il avait été député par Messieurs du Magistrat pour le prier de se rendre à l'élection. Celui-ci avait déclaré ne pouvoir y aller, et prétendit que le conseiller principal allât convoquer chez lui son grand vicaire qui le remplacerait. Le François s'y refusa et sa conduite fut approuvée par Messieurs, qui, de plus, passèrent outre à l'élection.

Quand Saint-Omer devint la capitale de l'Artois réservé (1640-1677), et que les États d'Artois se tinrent dans cette ville au nom du roi d'Espagne, le conseiller principal assistait avec l'échevinage à toutes les assemblées des États [1].

---

[1] Règlement du 29 mars 1658 imposé au s^r Louis Liot. Reg. aux délib. CC. f. 155. — Voir aussi notre brochure :

Au dehors, ils étaient employés dans toutes les affaires litigieuses qui exigeaient un déplacement et défendaient la ville aux assises et aux plaids des prévôtés ou des bailliages royaux, et aux divers Conseils et Parlements sous la juridiction desquels se trouva placé successivement l'échevinage.

Ils représentèrent plusieurs fois aussi la *bonne ville* de Saint-Omer aux États généraux. C'est ainsi qu'on voit assister Nicole de Fauquembergue à ceux tenus à Paris en 1420 [1], de Wissocq à l'assemblée des quatre membres de Flandre et des trois États d'Artois réunie à Valenciennes en 1427, de Sus-Saint-Légier à l'assemblée des trois membres de Flandre tenue à

L'Artois réservé, son Conseil, ses États, son Élection à Saint-Omer de 1640 à 1677. Saint-Omer, D'Homont, 1883, 50 p. in-8° (T. XVIII. *Mém. des Antiq. de la Morinie*).

[1] A Maistre Nicole de Faukenbergue, sire Jacques de le Desuerene (le Deverne, échevin), Philippe de Sus Sainlégier pour le voiage qu'ilz ont fait à Paris à l'assemblée des trois estas de ce roiaume mandez de part le Roy notre Sire, eulx envoiez de par les religieux de Saint-Bertin et de par le ville pour avoir advis sur le fait du gouvernement de ce Roiaume tant en fait de justice et au fait de la guerre comme ou fait des monnoies, auquel voiage eulx à huit chevaulx vacquérent par LIII jours et partirent le VII jour de novembre l'an mil IIII^c et vint, pour despens de bouche et de louage de chevaulx seulement dont lesdiz religieulx pour leur part paient XLIII escus d'or, icy pour la part de le ville III^c I^l XII^d par. d'une part et XXXII escus d'or d'autre part. Et oultre leur a esté ordonné par mess^{rs} pour consideracion de leurs paines et du dangereux voiage, aud. maistre Nicole XX escus, audit s^r Jacques XVI escus, et audit Philippe XII escus d'or ; Tous lesquels escuz d'or furent accatez à Willaume Bourgois, et aud. sire Jacques pour IIII^l et XV^s par la pièce le X jour de mars oudit an vint, laquelle somme monte en parisis VI^c IIII^{xx} V^l 1^s.

(Comptes de la ville 1419-1420.)

Ypres en 1480 ; Hannedouche fut aussi délégué aux États d'Artois lors de l'abdication de Charles Quint[1].

Chargés encore de négociations importantes, ils étaient envoyés, au lieu et place d'un membre de l'échevinage, à la cour des princes, soit afin d'obtenir modération des impôts, allègement de la garnison, ou des secours divers, soit pour implorer des ménagements quand la ville était compromise dans quelque affaire politique, ou pour revendiquer certains privilèges menacés ou supprimés que les protestations des échevins n'avaient pas suffi pour maintenir. Dans les 24 heures de leur retour ils devaient rendre compte de leur mission[2]. La correspondance du Magistrat aux archives municipales est remplie des nombreuses instructions qui leur étaient adressées, et les comptes de la ville mentionnent fréquemment leurs frais de voyage ou de séjour à l'étranger, de sorte qu'il serait impossible d'énumérer leurs services sans faire en quelque sorte l'histoire entière des relations extérieures de la ville.

Ces missions étaient remplies le plus souvent pendant des temps de troubles et de guerres, et n'étaient pas sans danger. Le voyage à Paris de Nicole de Fauquembergue en 1420, que nous avons relaté, est qualifié dans les comptes municipaux de « dangereux ». Vers 1489 le conseiller Philippe de Sus Saint-Légier eut le bras cassé par les Français

---

[1] Voir notre brochure : *Convocation du Tiers État de Saint-Omer aux États genéraux de France et des Pays-Bas, de 1308 à 1789.* Saint-Omer, d'Homont, 1882, 60 p. in-8. *Mém. des Antiq. de la Morinie*, t. XVIII. Nous y avons appelé Nicole de Fauquembergue Nicole de Faulst, par suite d'une abréviation dans le texte que nous avons cité alors.

[2] Règlement de 1596, art. 4. *Pièces justificatives*, III-1.

et resta huit mois leur prisonnier ; en 1598, Doresmieulx allant en députation vers le comte de Bucquoy dont les gens pillaient le pays, fut arrêté par eux à la Maladrerie aux portes de Saint-Omer, et il fallut de longues négociations pour le faire remettre en liberté.

Des ambassades purement honorifiques, telles que la réception de princes ou de hauts personnages à une certaine distance de la ville, leur étaient souvent confiées, ils leur offraient les présents du Magistrat. Sans même attendre la venue des hauts dignitaires laïques ou ecclésiastiques, baillis ou évêques nommés à la résidence de Saint-Omer, ils allaient aussi, de la part de l'échevinage, les complimenter jusque dans leur résidence ou à la cour des princes.

C'étaient donc des personnages considérables que Messieurs les Conseillers de la ville de Saint-Omer ; à leurs attributions judiciaires, ils joignaient d'importantes fonctions politiques, et au dehors ils étaient souvent les représentants de la ville, en quelque sorte les ambasssadeurs habituels de Messeigneurs les mayeur et échevins.

Choisis parmi les hommes capables et habiles dans l'art de la parole, connaissant souvent plusieurs langues et notamment le flamand, appartenant à des familles distinguées, ils mettaient également au service de la ville leurs talents, leur situation et leur influence personnelles. Comme ils restaient en charge un certain nombre d'années, tandis que le Magistrat se renouvelait tous les ans, ils pouvaient suivre, mieux encore que les échevins, les affaires de la ville, et les diriger avec l'esprit de mesure et de tradition qui devait en assurer le succès ; ils étaient de perpétuels interprètes de la volonté publique, et en même temps pour ainsi dire des répertoires de tout ce qui s'était fait et ordonné dans le gouvernement échevinal. Aussi se trouvèrent-ils à même de rendre de grands services, et leur influence fut-elle considérable, notamment aux XVI° et XVII° siècles.

Recrutement. — Il était important pour la ville que ses conseillers fussent rompus à la pratique des affaires devant les divers tribunaux ou conseils supérieurs qui jugeaient souvent en appel les causes déjà résolues par le Magistrat. Aussi on les choisissait parmi les licenciés en droit et parmi les avocats qui exerçaient déjà devant les prévôtés royales de Montreuil et de Beauquesne, le bailliage d'Amiens, le parlement de Paris, le conseil d'Artois, et même parmi les conseillers du prince au baillage de Saint-Omer.

Pour mieux assurer leur indépendance on n'attribuait point autrefois ces fonctions à des personnes de la ville. Guilbert d'Ausques, nommé en 1467, y était bien né, mais il était avocat à Montreuil, d'où on le fit venir, et ce ne fut en réalité seulement qu'en 1576, qu'un avocat, né à Saint-Omer, Adrien Doresmieulx, qui avait été auparavant conseiller second, c'est-à-dire substitut du premier, fut revêtu pour la première fois des fonctions de conseiller principal, remplies jusque-là par des étrangers.

Du reste, leur recrutement n'était pas toujours facile. Ainsi, en 1467, lorsque Jehan de Pardieu devenu infirme ne put continuer à exercer ses fonctions, les mayeurs et échevins envoyèrent successivement à Amiens et à Abbeville Pierre de le Nesse, clercq du registre criminel, afin de déterminer un avocat de ces villes à venir à Saint-Omer, mais il ne trouva personne, et il dut se transporter à Montreuil. Là il rencontra trois candidats : Guilbert d'Ausques, Philippe le Prévost et Loys le Mire, tous avocats capables. Le premier, dont nous venons de parler et qui avait déjà en 1451 sollicité la place, fut choisi sur la recommandation de Mme de Crévecœur, femme du bailli d'Amiens.

Guillaume de le Motte, avocat à Lille, nommé en 1492, après le refus de Gilles de la Porte « et sous le bon plaisir d'Ulrich de Nockenot, capitaine de la ville », ne voulut plus continuer ses fonctions à cause de la guerre, et on dut le remplacer. Les mayeur, les échevins des deux années et les dix jurés délibérèrent que pour le dédommager des pertes qu'il avait subies, on lui compterait une somme de 30 livres parisis, et que lorsque la paix arriverait, il lui serait loisible d'être conseiller second aux gages de 150 livres. Mais quand plus tard la charge devint vacante par la mort du titulaire, on lui dépêcha Emon de Salperwick, en 1500, à Béthune, pour lui offrir de nouveau la place de conseiller principal, le sr de le Motte accepta et se contenta même, à raison de la rigueur des temps, d'une pension plus modique.

Jehan Arthus, licencié en droit, qui demeurait à Lille, céda aux sollicitations de Nicole Sire Dieu et de Robert d'Ablain qui avaient été envoyés en 1594 à Arras et à Lille pour choisir un homme capable, mais après avoir prêté serment, il refusa d'entrer en fonctions.

De même, en 1527, le greffier de l'échevinage avait été député à Arras pour s'informer s'il ne trouverait pas une personne experte et de bonne volonté, et il fit agréer Gérard Loquet. Le Magistrat s'adressa même le 23 juin 1546 au célèbre avocat Gosson d'Arras, qui refusa.

Le 15 juin 1565, messieurs des trois bancs délibérèrent d'offrir l'office à M. Pierre de Bellevalet, avocat au conseil d'Artois, qui ne voulut point accepter, non plus que M. Jean de Briois ; et l'échevinage se décida à élire Antoine Aubron, qui était aussi avocat au même conseil. A Aubron succéda en 1596 Adrien Doresmieulx, qui comme conseiller second avait déjà fait une espèce d'apprentissage ; à cause des services qu'il avait rendus à la ville en cette qualité, ils le préférèrent au fils même d'Antoine Aubron. L'usage de prendre les premiers conseillers parmi les conseillers seconds se perpétua.

Obligations : Résidence. — Amovibilité. — Cette difficulté qui se présenta jusqu'au xvi° siècle de trouver des conseillers tenait particulièrement aux conditions qu'on leur imposait. A partir de 1364, ils devaient résider toujours en la ville et ne point s'en absenter sans permission, sauf pour défendre les causes de la ville devant les tribunaux. Il fallait donc, puisqu'on les prenait alors tous au dehors, qu'ils abandonnassent leur résidence et transportassent leur installation et leur famille dans la localité où ils exerçaient leurs fonctions. Cela ne laissait pas d'être onéreux, et quelques-uns firent des difficultés pour résider à Saint-Omer. En 1411, Nicole de Fauquembergue s'y refusa même complètement ; Jehan de France, nommé en 1421, ne s'y décida que lorsque le 29 janvier 1422 on eut augmenté ses gages. D'autres, notamment Jehan Arthus en 1514, Sébastien Hannedouche en 1546, exigèrent des indemnités pour leur déplacement[1].

Cependant la ville, dès l'origine, en 1330 et 1343, s'engageait à leur donner une maison « raisonable à leur état », ou une indemnité de logement qui était de 20 livres en 1355. Elle fournit une maison à Jehan de la Personne en 1399, et alloua pendant longtemps à ses successeurs 16 livres par an pour le loyer d'une maison « honnête » ; elle avait même refusé à Guérard Dicleblecque en 1436 d'élever cette indemnité à 20 livres, bien que celui-ci eût fait appuyer sa demande par le chancelier du duc de Bourgogne. Enfin elle s'était décidée à loger les conseillers pensionnaires dans une maison appelée le *blanc ours*, qui touchait au poids public près de l'hôtel de ville. Mais à Jehan de Pardieu qui le premier obtint cette faveur, en 1451, elle avait imposé l'obligation de payer les rentes dont la maison était grevée, charge que les autres ne voulurent point accepter, on les obligea seulement aux réparations locatives [2].

En outre les mayeur et échevins avaient le droit de révoquer quand bon leur semblait les conseillers, tandis que ceux-ci ne pouvaient quitter leurs fonctions sans le consentement du Magistrat. C'est ainsi qu'un des premiers nommés, Willes de Clermont, fut reçu en 1322 « tant que la ville le vauroit tenir ». En général les conseillers pouvaient alors recevoir des pensions d'autres corps et communautés, de sorte que le droit de révocation était une garantie contre ceux qui sacrifié auraient les intérêts de la ville. Mais c'était aussi un inconvénient pour le recrutement des

---

[1] Jean Arthus obtint 50 livres, Hannedouche 60 florins carolus.
[2] Règlement de 1596, article 2. Pièces justificatives III-1.

conseillers que cette facilité avec laquelle ils pouvaient être révoqués. Déjà au xiv° siècle, deux d'entre eux n'avaient pas souscrit à cette exigence. L'engagement de Jehan Rose en 1361[1] portait: « tant come je seray à lour conseil et pension et que il leur plaira, et à moy que je y soye ». De même en 1364 Guy Ponche déclarait « sans que je me puisse départir d'eulx ni eulx ne la dite ville laissier[2] ».

Au xv° siècle aussi, quelques-uns des personnages choisis, alléguant leur réputation, le besoin qu'on avait de leurs services et l'obligation qu'on leur imposait de venir résider à Saint-Omer, exigèrent des garanties contre ce droit absolu. Lorsque Jehan de France en 1421 traita avec la ville, il fut convenu que les parties contractantes devraient se prévenir mutuellement une année d'avance avant de se séparer. Jehan de Pardieu obtint de même lors de son entrée en fonctions en 1464, que les échevins ne pourraient le destituer que pour cause grave. Quant à Gérard Locquet, s'il fut destitué le 16 mars 1536, c'est qu'il avait manqué aux engagements qu'il avait pris d'achever un recueil des privilèges de la cité et de faire un tableau des ordonnances et « vstils » de la ville touchant la forme des procédures, besogne pour laquelle il avait même reçu d'avance une gratification, et c'est en vain qu'il s'adressa au conseil de Malines pour faire réformer la décision prise par le Magistrat à son égard.

Hannedouche n'accepta en 1546 la charge de conseiller que sous la condition qu'il ne pourrait être « déporté de son office, sans cause légitime ».

Ces conventions particulières touchant l'exercice

[1] Piéces justificatives I-7.
[2] Piéces justificatives I-8.

de la faculté de révocation n'entamèrent en rien le droit lui-même, et jamais la ville ne voulut admettre que ces officiers fussent inamovibles, même lorsqu'ils étaient nommés à vie. Le règlement du 29 mars 1658 répétait « que le dit état ne se confère » que par provision et tant qu'il plaise à mesdits » sieurs des deux années et dix jurés révoquer [1]. » La commission de M. Macau du 30 décembre 1729 portait également « que le dit état se confère pour » en jouir jusqu'à révocation et tant qu'il plaira à » messieurs des deux années et dix jurés [2] ». Cependant la prétention des conseillers, surtout à partir de 1526, était de n'être pas révocables à volonté, et ils soutinrent encore leur inamovibilité, mais sans succès, dans une requête présentée au Parlement de Paris au sujet de l'exécution des édits du mois d'août 1764 et du mois de mai 1765 qui entraînèrent leur suppression.

Gages ou pension. — Incompatibilités. — Logement, vin, robes. — A l'origine de la création des conseillers, les affaires litigieuses étaient peu nombreuses, aussi ceux même qui résidaient dans la ville n'eurent pas de grosses pensions. En 1317 Pierre de Verchin avait xx livres plus xii sous, Willes de Cler-

---

[1] Pièces justificatives III-3.
[2] Imprimé dans les *Preuves nouvelles que les officiers permanens et conseillers pensionnaires des villes de l'Artois sont amovibles et révocables par les échevins (vers 1765.)* (*Mélanges Artois* 2 à la bibliothèque municipale.) Les conseillers s'appuyaient sur un passage de Buselin : « Quos autem senatus sibi legit Pensionarios, Procuratores, Scribasque, ad ultimum usque vitæ periodum ii florent officio, nisi ad majora evehat virtus et meritum aut scelera concessu arceant, infirmitasve. » (Gallo Flandriæ autore Joanne Buselino lib. 3, page 509. Duaci 1625.)

mont en 1322 xvi livres plus xii sous, de Sempi x livres seulement en 1327, de Biaucaurroy recevait en 1330 xx livres, ainsi que de Maucreus l'année suivante. Ceux qui restaient dans la ville même où siégeait le tribunal devant lequel ils plaidaient pour le Magistrat avaient aussi des pensions annuelles, elles étaient peu importantes pour chacun, mais l'échevinage en payait plusieurs la même année, d'Arceus, employé à Amiens, Rose et Rivault à Paris, en 1361, touchaient, le premier xvi livres, les autres x livres, et Pierre de Ligny le Châtel seulement viii livres la même année. En 1367 Le Sénéchal eut x livres [1]. Cependant, Williame Despreis, en 1330, avait reçu 300 livres, et Jean Cauliers en 1383 80 livres, probablement pour services exceptionnels.

A partir de 1364 la pension s'élève ; la commune, constituée depuis plus de deux siècles, a des intérêts plus importants et plus nombreux à défendre, et elle impose la résidence à Saint-Omer à son conseiller, à qui elle donne plus tard le logement, comme nous l'avons vu. Les émoluments varient alors généralement entre 200 et 300 livres. Guy Ponche reçut douze vingt livres (240) parisis [2]. Les gages de Jehan de la Personne furent d'abord payés la moitié à Noël, l'autre moitié à la Saint Jean-Baptiste, mais il obtint en 1404, à raison des nombreux procès qu'il avait soutenus au dehors, une augmentation de 80 livres parisis par an, soit en tout 280 livres, qui furent payables en quatre termes : 100 livres à la Saint Jean-Baptiste, quarante à la Saint-Remy, cent à la Noël et le surplus à Pâques. Il était aussi défrayé des dépenses que lui

---

[1] Voir Pièces justificatives I-1 à 7, nominations diverses.
[2] Voir sa commission Pièces justificatives I-8.

causaient ses trois chevaux lorsqu'il allait en mission ou en députation ; toutefois il n'avait point d'indemnité quand il n'allait qu'aux assises et plaids de Montreuil.

Au surplus, et à chaque changement de conseiller, les mayeur et échevins faisaient un nouvel arrangement plus ou moins avantageux pour la ville ou pour le nouveau titulaire. Jehan Carpentier, choisi en 1400, se contenta de 160 livres parisis payables en quatre termes égaux : au 1er janvier, au 1er avril, au 1er juillet et au 1er octobre, plus 16 livres pour son logement. Nicole de Fauquembergue vit la pension s'élever à 200 livres, dont la moitié lui était versée à Notre-Dame Candelier (la Chandeleur, 2 février) et l'autre moitié au 1er août. A ces conditions arrêtées lors de sa nomination, il fit ajouter le 13 mai 1418 la dépense de ses chevaux taxée à 10 sous par jour pour chacun d'eux. Quand il se déplaçait avec un échevin, ses dépenses restaient à sa charge, mais il était complètement défrayé lorsqu'il accompagnait le mayeur. Par suite du cours des espèces, ses gages avaient diminué d'un tiers en 1421, aussi les échevins lui accordèrent une augmentation de 50 livres par an.

Jehan de France, son successeur, eut 160 livres seulement à l'origine, puis 200 livres et le vin de boisson en 1422, et en 1423 300 livres et 12 muids de vin exempts d'assises, plus l'entretien de ses trois chevaux chaque fois qu'il s'éloignait pour les affaires de la cité.

Antoine de Wissocq ne toucha que 80 livres en 1425, mais il obtint le drap nécessaire pour faire tous les ans une robe semblable à celle des échevins. Élevée à 120 livres en 1428, sa pension fut réduite à

40 livres à cause des charges de la ville, aussi se démit-il de ses fonctions.

Lors de la réformation de la Loy en 1447, les gages de Guérard Diclebecque furent également réduits à 120 livres, ce qui le détermina à se retirer ; puis en 1449 et en 1459 il fit de nouvelles conventions avec le Magistrat et on voit ses gages, dont la quotité était de 160 livres, portés aux comptes des argentiers jusqu'au 25 mars 1464[1] ; Jehan de Pardieu en obtint 200, payables de six mois en six mois, six muids de vin, le drap d'une robe, 30 sous par jour quand il devait séjourner au dehors avec ses trois chevaux ; lorsque son absence ne durait qu'un jour, on ne lui allouait que 20 sous pour deux chevaux, et il n'avait pas d'indemnité pour aller à Thérouanne, à Aire ou dans d'autres villes voisines.

Les conditions furent à peu près les mêmes pour ses successeurs qui eurent logement, pension, vin et robe. Guillaume de le Motte, en 1500, se contenta de 160 livres de pension, de 15 livres 5 sous 6 deniers pour sa boisson, outre son logement et la robe. Baude du Gropré, qui lui succéda en 1504, subit les mêmes conditions, mais la pension de 200 livres fut rétablie au profit de Jehan Arthus (1514) et de Nicole Goffettes (1515), pour être réduite de nouveau en 1526 à 160 livres, et reportée à 200 livres au profit de Gérard Lecquet.

Sébastien Hannedouche, reçu le 6 février 1546, obtint 200 florins carolus d'or, plus 15 florins carolus, 5 patars et 6 deniers pour sa boisson, et un drap de robe tous les deux ans.

---

[1] Chapitre intitulé : *Despenses pour pensions foraines, charges et salaires des conseillers tant dedens la ville come de dehors et autres officiers d'icelle.*

Pendant assez longtemps il n'y avait pas d'incompatibilité absolue entre la fonction de conseiller de ville et celle de conseil de quelque corps ou communauté, de sorte qu'à la pension de la ville, ces officiers pouvaient joindre d'autres émoluments. En 1364, il est vrai, Guy Ponche accepta la charge « sans che » que pour aucun prinche ou seigneur ne pour autre » pencion quelconques je me puisse départir d'eux », mais le cumul n'en continua pas moins pendant de longues années. En 1367 et 1399 Jehan d'Orliens et Jehan Carpentier étaient chanoines de Térouanne en même temps que conseillers. Bien plus, en 1420, Nicole de Fauquembergue représenta à la fois le Magistrat et les religieux de Saint-Bertin aux Etats Généraux. Jehan de France, en 1421, fut autorisé à conserver sa charge de sénéchal du Boulonnois, et le 3 octobre 1423 on lui permit de garder les pensions qu'il recevait à Montreuil. En 1425 Antoine de Wissocq était chanoine de Saint-Omer et son serment présenta cette particularité qu'il s'engagea à bien et loyalement conseiller et servir la ville contre tous, sauf la sainte Eglise, tant qu'il serait chanoine. Jehan de Pardieu était aussi, en 1431, conseil de l'abbaye de Saint-Bertin, en même temps que conseiller pensionnaire, et nous l'avons déjà dit, quelques conseillers de ville furent aussi conseillers du prince au bailliage.

Il faut reconnaître toutefois que l'échevinage pouvait ne pas autoriser ces cumuls, qu'il avait posé le principe dès 1364, et qu'il ne les permettait qu'à condition que le titulaire ne s'absenterait jamais sans autorisation. Ces permissions avaient été accordées sans doute pour faciliter le recrutement des conseillers, ou s'assurer le concours de quelques hommes capables.

Le règlement de 1596 finit par défendre d'une manière précise de recevoir aucune pension ni courtoisies de Messieurs du chapitre de Saint-Bertin, du Bailliage, de Clairmarais, ni d'aucun autre corps qui pourrait avoir affaire contre la ville [1].

Les conseillers n'étaient cependant pas réduits aux seules ressources qui leur provenaient de leurs traitements. Comme la plupart des officiers de ville ils étaient exempts de certains impôts, du guet, de la garde et du logement des gens de guerre. Il paraît qu'en outre de ces gages et exemptions, ils avaient, comme avocats, un certain casuel qui doublait à peu près les avantages fixes, et dont parlent les règlements de 1596, 1619 et 1658, qui cherchent à réprimer des abus [2].

Toutes ces variétés de pensions cessèrent d'ailleurs lorsque Charles II, roi d'Espagne, par sa déclaration du 8 janvier 1673, fixa définitivement le traitement de conseiller principal à 600 livres, outre le logement, « sans rien plus prétendre ».

La ville ne traitait pas toujours généreusement ses conseillers lorsqu'ils devenaient impropres à leurs fonctions, et ne tenait pas assez compte des services qu'ils avaient rendus, ou de la nécessité de leur assurer une certaine dignité d'existence. Lorsque Jehan de Pardieu qui avait servi la ville pendant 24 ou 25 ans, devint malade et très pauvre, l'échevinage lui alloua 6 sous par jour en 1467 « pour l'empêcher de mendier. » Philippe de Sus St-Légier avait

[1] Pièces justificatives III-1.
[2] Voir aux pièces justificatives III-1, 2 et 3.

été fait prisonnier des Français, était resté huit mois en captivité et avait eu un bras cassé, il ne fut rendu à la liberté en 1491 qu'après avoir payé une grosse rançon, et à son retour il fut atteint d'apoplexie ; le Magistrat se borna à exiger que celui qui le remplacerait par intérim lui abandonnerait une partie de ses gages. Nicole Goffetttes en 1526 vit les siens réduits à 160 livres sous prétexte qu'il était infirme et malade depuis longtemps.

La ville sut cependant reconnaître les services distingués que lui avait rendus Antoine d'Affringhes comme conseiller second et principal ; lorsqu'il fut nommé conseiller au conseil de l'Artois réservé en 1658, le Magistrat lui fit don d'un bassin et d'une aiguière d'argent aux armes de la ville valant 100 patacons. Jacques Taffin qui resta en fonctions de 1696 à 1723 reçut aussi en 1721, en reconnaissance de ses services, un présent d'argenterie valant 700 livres.

Serment. — Avant d'entrer en fonctions, le conseiller premier et principal prêtait le serment d'exécuter le contrat qui le liait à la ville et de bien exercer ses fonctions. Nous avons mentionné celui que prêta le 5 décembre 1425 le chanoine Antoine de Wissocq ; un autre serment différent de ceux ordinaires est celui de Jehan de Pardieu qui refusa de conseiller la ville contre ses parents et amis (1464). Au XVIe siècle voici quelle était la formule du serment du conseiller principal :

« *Serment de conseillier.*

» Vous jurez que l'estat de conseillier premier et
» principal de cette ville où par messieurs vous estes
» promeu vous exercerez deuement, en leur conseil-

» liant ès affaires de cette ville envers tout loyaul-
» ment, cèlerez le secret de la chambre et tout ce
» qui sera à taire et céler, et au surplus vous acquit-
» terez fidellement en cet estat sy avant que faire
» porrez. Ainsy vous ayde Dieu et tous les sainctz de
» paradis [1]. »

Rang. — Il est assez difficile de déterminer le rang du conseiller lorsqu'il siégeait en la chambre du Magistrat. Il semble qu'anciennement il avait sa place, pendant les audiences échevinales, auprès du grand bailli ; aux audiences du vendredi où assistait le sous-bailli, il siégeait entre lui et le lieutenant-général. Lorsque les officiers du prince étaient en séance, il prenait place entre le lieutenant-général au bailliage et le procureur de l'Empereur. Plus tard il paraît avoir siégé à côté du mayeur, et à partir de 1605 l'usage voulut qu'il eût sa place auprès des échevins.

Lorsque les États d'Artois se tinrent à Saint-Omer de 1640 à 1677, il prit séance sur le haut banc, au-dessus des députés des villes [2].

Nous avons montré, dans un autre travail, le conseiller marchant à la gauche du Mayeur pour se rendre à la première réunion des États de l'Artois réservé le 21 octobre 1640 [3], ce qui peut faire penser qu'il occupait en général ce rang dans les cérémonies publiques où l'échevinage paraissait seul ; dans les autres, il suivait immédiatement le Mayeur [4].

---

[1] Recueil des serments aux Arch. municip. et ms d'Haffrenghes, t. I, p. 203, à la Bibl. municipale, n° 879.
[2] Ms D'Haffrenghes, n° 879, t. II, p. 52.
[3] *L'Artois réservé, etc.*, déjà cité, p. 28.
[4] Ms D'Haffrenghes, t. II, p. 251.

Mais on imposa à Guillaume Le François, lorsqu'il fut reçu en 1664, l'obligation de suivre le Magistrat avec les autres officiers du bureau, aux processions et aux diverses assemblées, même aux États où il se rendait en corps. Le récipiendaire hésita quelque temps, mais, devant l'insistance des échevins, il passa outre, et jura le 8 juillet 1664 de se conformer tant aux règlements anciens qu'à cette nouvelle exigence.

Vénalité des charges. — Telle fut la situation des conseillers pensionnaires vis-à-vis de la ville jusqu'à la vénalité des charges.

Les offices de conseillers pensionnaires, premier et second, furent supprimés et créés à nouveau par édit de novembre 1695, la ville les racheta, et par arrêt du 28 août 1696, suivi de lettres patentes données en octobre de la même année, elle en obtint la réunion à son domaine moyennant 20.000 livres et deux sous pour livres, soit 22.000 livres qui furent payées le 8 juillet 1697. Ces offices étaient devenus héréditaires en vertu de l'édit de création.

Jacques-François Taffin, écuier, sr du Hocquet, avocat, fut pourvu de la charge le 29 octobre 1696 pour jouir des mêmes gages, honneurs et prérogatives que ses prédécesseurs à l'exception du logement dans la maison du blanc ours qui fut vendue en 1699. Il prêta sans intérêts à la ville 2000 écus dont elle avait besoin pour payer le prix de l'acquisition de la charge, et il fut convenu que la veuve et les enfants ou les héritiers du sr Taffin ne pourraient être dépossédés avant d'avoir été remboursés du montant du prêt, et que jusqu'au remboursement ils pourraient eux-mêmes commettre un titulaire à l'emploi.

En effet, en 1723, après la mort de Taffin, Joseph Ignace Enlart, sʳ du Fresnet, ne fut nommé le 9 juillet, qu'en s'engageant à rembourser aux héritiers de son prédécesseur, mille livres qui restaient encore dues, et la même obligation passa à son successeur le sʳ Macau.

Mais bientôt l'omnipotence des intendants enleva à la municipalité le choix de son conseiller.

En 1733, le 2 juillet, M. de Chauvelin, intendant, qui était venu à Saint-Omer pour le renouvellement du Magistrat, lut un arrêt du conseil d'État du roi du 16 juin 1733, dans lequel il était dit : « Veut aussi Sa
» Majesté que les conseillers pensionnaires de ladite
» ville soient tenus, au prochain renouvellement, de
» rapporter leur commission, à effet de les continuer
» dans leurs fonctions ou d'en subroger d'autres en
» leurs places, ainsi qu'il trouvera bien être pour le
» service de Sa Majesté et de ladite ville, et seront
» tous les trois ans lesdits conseillers continués ou
» renouvellés par ledit commissaire au nom de Sa
» Majesté[1]. »

Lorsqu'il eut nommé les nouveaux échevins, il ordonna aux officiers du bureau, de la part du

---

[1] Cet arrêt qui a été imprimé attribue à M. l'intendant d'Artois la nomination de tous les officiers municipaux de la ville de Saint-Omer et notamment des conseillers pensionnaires pour trois ans.

Il existe aux archives nationales AD II A XVI divers arrêts et mémoires concernant les conseillers pensionnaires des municipalités. On y trouve aussi les nominations de divers conseillers principaux et seconds ; Jacques Taffin, les Titelouze, les Enlart, Macau, tirées des registres aux délibérations du Magistrat dont quelques-uns (de 1677 à 1750) sont aujourd'hui perdus. — Voir aussi le recueil factice que nous avons déjà cité : *Mélanges Artois 2*, à la bibliothèque municipale.

roi, de lui remettre leurs commissions. Ceux-ci répondirent qu'il n'y en avait pas d'autres que celles transcrites sur les registres de l'échevinage ; l'intendant se fit apporter ces registres, et après les avoir examinés, il déclara au nom de Sa Majesté révoquer le s^r Macau, premier conseiller, et nommer pour le remplacer le s^r Marissal.

C'est encore en vertu d'une lettre de l'intendant, qui était alors M. de Caumartin, que M. Thomas-Joseph Enlart, écuier, s^r de St-Maurice, fut nommé en 1759.

Ce fut le dernier titulaire. En 1764, le Magistrat décida, à la pluralité des voix, que la nouvelle organisation des municipalités créée par l'édit du mois d'août de la même année rendait inutiles les fonctions de conseillers premier et second, et ils furent supprimés. A cette époque en effet, on fit entrer dans la composition de l'échevinage un certain nombre d'avocats ; d'autre part le procureur de ville dirigeait les procédures : le rôle des conseillers pensionnaires auprès du tribunal échevinal était donc devenu insignifiant. Quant aux affaires politiques, depuis la conquête française en 1677, elles se traitaient directement avec l'intendant, ou avec son subdélégué à Saint-Omer ; la ville n'avait plus d'ailleurs d'autres intérêts que ceux communs à toute la province que représentaient les États et le Conseil d'Artois siégeant à Arras.

LISTE DES CONSEILLERS PENSIONNAIRES PRINCIPAUX OU PREMIERS

de la ville de Saint-Omer avec la description de leurs sceaux ou armoiries [1].

1317. — Pierre DE VERCHIN.
1322. — Willes DE CLERMONT.
1327. — Jehan DE SEMPI.
1327. — Jake D'AIRE.
1330. — Robert DE BIAUCORROY [2].
19 *avril* 1330. — Williame DESPREIS.
1331. — Pierre DE MAUCREUS [3].
10 *septembre* 1331. — Gerard DENOCLETES.
1347. — Pierre BARBE [4], chanoine de Térouane.
7 *janvier* 1351. — Jehan CAULIERS, avocat.
7 *février* 1357. — Jehan LANDÉE.
1er *décembre* 1361. — Nicolas D'ARCEUS, avocat au parlement, désigné pour le bailliage d'Amiens, 16 livres de pension,
trois aigles.

1er *février* 1361. — ROSE, Jehan, avocat en parlement, désigné pour Paris,
écu portant trois roses à la bordure.

---

[1] Nous avons expliqué dans le cours de ce travail que l'on rencontrait quelquefois presque à la même date plusieurs conseillers pensionnaires, parce qu'ils étaient envoyés par l'échevinage devant différentes juridictions. Il y a lieu d'observer en outre que plusieurs conseillers occupèrent, délaissèrent et reprirent plusieurs fois leurs charges, de sorte qu'il n'a pas été toujours possible de retrouver les diverses dates de leurs nominations et de leurs serments.

[2] On trouve les noms de ces cinq conseillers sur les Registres au renouvellement de la Loi A, E.

[3] Registre au renouvellement de la Loy A.

[4] *Sceaux d'Artois*, par Demay, n° 1099.

2 *février* 1361. — Jean RIVAULT, avocat au parlement, à Paris, désigné pour Paris, x livres de pension,

écu portant une bande sur laquelle on lit RIVA (Rivaut) dans une rose.

2 *février* 1361. — Pierre DE LIGNY LE CHATEL, avocat au parlement, désigné pour Paris, 8 livres de pension,

écu portant un château sous un chef fretté, soutenu par un homme sauvage, supporté par un lion et par un griffon dans un trilobe [1].

1er *décembre* 1364. — Guy PONCHE [2].

5 *juin* 1367. — Martin LE SÉNÉCHAL, avocat en parlement, désigné pour suivre partout les affaires de la ville, x livres de pension,

un buste d'homme barbu.

18 *janvier* 1367. — Jean D'ORLIENS [3], chanoine de Térouane,

écu au griffon, soutenu par un saint Jean, supporté par deux lions, dans une rose ornée de chimères.

20 *mars* 1368. — Jovene LE TASSART, procureur à la cour de Montreuil,

écu au créquier, brisé à dextre et en chef d'un écusson portant deux fasces, dans une rose.

23 *août* 1374. — Nichole BOULART, licencié ès lois,

---

[1] Pour ces quatre conseillers, voir *Sceaux d'Artois,* n°s 1098, 1114, 1112, 1107. — Nous croyons devoir lire *d'Arceus* au lieu *d'Arcy*.

[2] Devant conseiller au bailliage royal de Saint-Omer en 1393. Son scel armorié est appendu à son engagement aux archives municip. CLXIX-2. Demay l'appelle Pouche, avocat au conseil d'Artois, et lit son sceau trouvé aux archives du Pas-de-Calais de la manière suivante : Écu portant un lion à deux corps, l'un rampant, l'autre passant dans un quadrilobe.

[3] M. Demay a lu d'Orléans.

écu à deux chevrons sous un chef chargé de trois
  ramures de cerf, dans un quadrilobe.

1⁰ʳ *avril* 1388. — Jacques LE FÉE, procureur à la cour de Montreuil,
écu portant une croix ancrée, à la bande brochant,
  dans un quadrilobe.

1⁰ʳ *avril* 1388. — Guérard MIQUELABBE, procureur à la cour de Montreuil,
écu portant les initiales G H, accompagnées en pointe
  de deux branches formant le V (Demay).

6 *mai* 1389. — Jacques DE LA FONTAINE, procureur à la cour de Montreuil,
une grue tenant un serpent à son bec, accompagnée
  d'une étoile.

15 *juin* 1399. — Jehan DE LA PERSONNE, licencié ès lois [1],
écu portant deux pattes en pal, penché, timbré d'un
  heaume ovoïde.

15 *juillet* 1399. — Jehan CARPENTIER, chanoine de Térouane,
écu au griffon, supporté par deux lions, soutenu par
  un homme sauvage, dans un trilobe.

28 *novembre* 1408. — Jehan DE HODICQ, procureur à la cour de Montreuil,
écu à la croix cantonnée de quatre roses, penché,
  timbré d'un heaume, cimé d'une tête d'aigle dans
  un vol, supporté par deux lions [2].

8 *juillet* 1411. — Nicole DE FAUQUEMBERGUE.

8 *novembre* 1413. — Nicolas ROLIN, avocat en parlement,

---

[1] Conseiller au bailliage de Saint-Omer en 1404.

[2] Tous les sceaux ci-dessus se trouvent décrits dans les *Sceaux d'Artois* déjà cités, n⁰ˢ 1115, 1110, 1106, 1100, 1103, 1108, 1104, 1111, 1102, 1105.

écu portant trois clefs accompagnées d'une rose (?) en chef, soutenu par un ange [1].

9 *mai* 1421. — Jehan DE FRANCE, licencié ès lois [2], fascé d'argent et d'argent de six pièces, les fasces d'argent chargées de six fleurs de lys de gueules, 3, 2 et 1.

5 *décembre* 1425. — Antoine DE WISSOCQ, écuyer, licencié ès lois, chanoine de Saint-Omer, de gueules à la fasce d'or, accompagnée de trois losanges de même.

1428 *à* 1464. — Gérard DICLEBECQUE, chevalier [3], abandonna plusieurs fois sa charge.

27 *mai* 1448. — Jehan DE SUS SAINT-LÉGIER [4], de gueules fretté d'hermines.

26 *décembre* 1451 *et* 1464 *à* 1467. — Jehan DE PARDIEU, avocat à Montreuil [5], fils de Pierre. d'or à chevron d'azur accompagné de trois étoiles de gueules.

[1] *Sceaux d'Artois,* n° 1113.

[2] Conseiller au bailliage royal de Saint-Omer en 1421 ; mort le 28 octobre 1427.

[3] Appelé Diclebecque dans les comptes des argentiers, et Delebecque dans l'ordonnance de Philippe le Bon de 1447, article XV ; il figure dans l'*Inventaire de la Chambre des comptes de Lille,* t. IV, 1428, p. 112, sous le nom de d'Iclebecque : « Lettres de » commission de Philippe, duc de Bourgogne, nommant Gerard » d'Iclebecque, *conseiller pensionnaire* de la ville de Saint-Omer, » conseiller du duc en le même ville au lieu de feu Jean de » France. » Son épitaphe au musée porte Didebecque et constate qu'il est mort en exercice le 26 mars 1464. Nous avons établi que ce conseiller a abandonné plusieurs fois ses fonctions, et c'est pendant les intervalles où il ne les exerçait plus qu'il faut placer les noms de Jehan de Sus Saint-Légier vers 1447 et de Jehan de Pardieu en 1451.

[4] Registre aux délibérations B f. 9.

[5] Jean de Pardieu, fils de Pierre, délaisse l'office en 1467 à cause de ses infirmités. Reg. aux délib., C f. 20 et B f. 68 v°.

30 mars 1467. — Guilbert DAUSQUES, avocat à Montreuil, mort le 7 août 1472.

18 août 1472. — Philippe LE PRUVOST, avocat à Montreuil.

12 avril 1485. — Jehan DE HESDIN, avocat à Montreuil[1].

1491 et antérieurement. — Philippe DE SUS ST-LÉGIER[2],
avocat en parlement, mort en 1491.

22 décembre 1491. — Guillaume DE LE MOTTE, par intérim.

7 janvier 1492. —   id.   à titre définitif[3].

26 mars 1492. — Eustache DE RENTY, mort en 1498, d'argent à trois doloires de gueules 2 et 1, les deux supérieures adossées.

10 octobre 1498. — Robert RAULIN, licencié ès lois,

[1] Les trois conseillers qui précèdent sont mentionnés Reg. aux délib. C f. 50 v°, 51, 57, 70 v°, 71 v°.

[2] En 1491, d'après la *Table alphabétique des délibérations du Magistrat*, Philippe de Sus Saint-Légier, conseiller *depuis 18 ans*, demandait à l'échevinage la récompense de ses peines. Il faudrait alors reporter sa nomination à 1473. Mais Philippe le Prevost figure aux compte des argentiers de 1474, 1475 et 1476; et paraît être resté en charge jusqu'en 1478. S'il fut remplacé par Philippe de Sus Saint-Légier, celui-ci semble aussi avoir interrompu ses fonctions, car on voit figurer dans la liste des mayeurs en 1483, *Philippe de Sus Saint-Légier*. Il est certain en outre que dès 1484 la place de conseiller était vacante, car on l'offrit le 16 février à Jehan de Hesdin, qui ne prêta serment que le 12 avril 1485. C'est sans doute pendant l'interruption des fonctions de Philippe de Sus Saint-Légier que Jehan de Hesdin occupa le poste de conseiller pensionnaire ; quant à la mention des archives, elle veut dire sans doute que Philippe de Sus Saint-Légier avait servi la ville pendant 18 ans. On pourrait peut-être indiquer pour ce conseiller les dates de 1478 à 1484 et 1488 à 1491.

[3] Abandonna sa charge en 1493 à cause de la guerre.

avocat au siège de Beauquesne, mort en 1500, d'argent à trois roses de gueules.

7 *juillet* 1500. — Guillaume DE LE MOTTE, le même qu'en 1491 et 1492.

5 *septembre* 1504. — Baude DU GROPRÉ, avocat, d'hermines à la croix ancrée de gueules.

31 *mars* 1514.—Jehan ARTHUS, licencié ès lois à Lille: bien qu'il eût prêté serment devant les échevins des trois bancs et qu'il eût promis de venir à Saint-Omer dans le délai de six semaines, il écrivit quelque temps après pour remercier le Magistrat et le prier de choisir un autre titulaire.

14 *juin* 1515. — Nicole GOFFETTES, auparavant conseiller second par intérim, mort en 1527.

6 *octobre* 1527. — Gérard LOCQUET, avocat en la gouvernance d'Arras, révoqué le 16 mars 1536, d'azur à trois fusées d'or rangées en fasce.

22 *septembre* 1537. — Arthus PREUDHOMME, avocat en la gouvernance d'Arras.

6 *février* 1546. — Sébastien HANNEDOUCHE, avocat au conseil d'Artois [1],
de sinople, à une bande d'or, chargée de trois croix pattées au pied fiché de sable.

23 *juillet* 1565.—Antoine AUBRON, avocat au conseil d'Artois,
écartelé, aux 1ᵉʳ et 4ᵉ fretté de gueules et de sable à la croix alaisée de sable, aux 2ᵉ et 3ᵉ d'azur à trois canettes d'or posées 2 et 1.

3 *décembre* 1596. — Adrien DORESMIEULX, écuyer, conseiller second, mort en 1619 [2],
d'or à une tête de more de sable liée d'argent accom-

---

[1] Registre aux délibérations du Magistrat H. f. 43.
[2] — — M. f. 217 v°.

pagnée de trois roses de gueules boutonnées d'or
posées deux en chef et une en pointe.

3 *septembre* 1619. — Jehan RICHEBÉ, conseiller second [1],

de... à la bande de... accompagnés en chef d'un lion
et en pointe d'une montagne à trois coupeaux
de...

8 *octobre* 1638. — Antoine D'HAFFRINGHES, conseiller second [2],

d'azur à une fasce d'or, accompagnée en chef de trois
étoiles rangées de même, et en pointe d'une grive
aussi d'or.

29 *mars* 1658. — Louis LIOT, conseiller second, mort en 1664 [3],

d'argent à trois quintefeuilles de gueules deux et
une.

8 *juillet* 1664. — Guillaume LE FRANÇOIS, conseiller
second, révoqué le 29 octobre 1696 à cause des édits
de réunion,

d'azur à une croix ancrée d'or.

29 *octobre* 1696. — Jacques TAFFIN, écuyer, sr DU
HOCQUET, avocat, mort en 1723,

d'argent à trois têtes de maure de sable, bandées
et liées d'argent posées deux et une.

---

[1] Registre aux délibérations du Magistrat P. f. 189, seigneur
d'Outrebois et de Zudrove, licencié en droit, avocat en parlement, il avait épousé en 1res noces le 23 juin 1595 Marie *Denis*,
fille d'André, échevin d'Arras, décédée le 4 juin 1626, inhumée
dans le chœur de l'église Saint-Jean à Saint-Omer, près de
l'autel de N.-D., et en 2mes noces, en 1626, Jenne *Laurin*, fille
de Jean, escuier et de Dlle Marie de Saint-Vaast, décédée le
5 septembre 1656, et inhumée auprès de la précédente (épitaphier du chanoine Hellin. — Biblioth. royale de Bruxelles).

[2] — — V. f. 12.
[3] — — CC f. 155.

9 *juillet* 1723. — Joseph-Ignace ENLART, s^r DU FRESNET, mort en 1729,

d'or, à dix losanges de sable acolés trois, trois, trois et un ; écartelé, de sinople à un chevron d'argent accompagné de trois coquilles de même, deux en chef et une en pointe.

30 *décembre* 1729. — Jacques-François MACAU, avocat, lieutenant général au bailliage et second conseiller [1], révoqué par l'intendant de Chauvelin lorsqu'il vint renouveler le Magistrat en vertu de lettres de cachet le 11 juillet 1733.

11 *juillet* 1733. — Alexis-François-Joseph MARISSAL, nommé par l'intendant de Flandre et d'Artois, mort en 1759.

d'azur à une fasce vairée d'or et de sable, accompagnée de trois besans d'or, deux en chef et un en pointe, et chargés d'une étoile de sable.

27 *juillet* 1759. — Thomas-Joseph ENLART, écuyer, s^r DE SAINT-MAURICE, conseiller second, subdélégué de l'intendance, nommé par lettre de M. de Caumartin, intendant [2], datées de Dunkerque,
mêmes armoiries que ci-dessus.

1764-1765. — Les conseillers pensionnaires sont supprimés.

---

[1] Arch. nat. AD II A XVI.

[2] Invent. somm. des Arch. du Pas-de-Calais. Affaires civiles, t. I, Intendance, liasse 486, p. 271. — D'après la *Chancellerie d'Artois,* par A. de Ternas, p. 318, Thomas-Joseph Enlart, écuyer, était seigneur du Frenet en 1781.

Conseillers pensionnaires principaux ou premiers

PIÈCES JUSTIFICATIVES

I

Nominations diverses

1

1317

L'an xvii fu rechus pierres de Verchin au conselz de le ville pour parler ou castel de S¹ Omer et ailleurs où on en aura à faire pour le cors de le ville, et doit avoir xx lib. tournois, et xx s. tournois le jour que le ville lenvoiera hors.

(Registre au renouvellement de la loy E).

2

1322

L'an de grâce Mccc et xxviii le second jour de may fu rechus a pencion de le ville maistre Willes de Clermont pour seze livres par an et xii s. le jour quant il iroit hors ès besoignes de le ville, et fut rechus tant que li ville le vauroit tenir, et sauve les seuremens que il avoit fait avant ledit jour en autre lieu.

(Registre au renouvellement de la loy A.)

3
1327

Maistre Jehan de Sempi est retenu à la pencion de le ville parmi dis livres en an au Noël.

4
1327

Maistre Jake d'Aire jura le conselg de le ville.

5
1330

Robert de Biaucorroy retenu et jura au conselg de le ville, pour xx livres de pension l'an 1330.

6
1331

Maistre pierre de Maucreus fu retenus à le pencion de le ville pour xx lib. par an à païer à le tous sains, en l'an de grace Mil ccc et xxxi, et doit estre au consel de le ville, au parlement, et en assise, et ailleurs hors parlement.

(Registre A.)

7
1er février 1361

Jehan Rose, avocat en parlement, s'engage comme conseiller pensionnaire de la ville de Saint-Omer, sans être tenu à y résider.

Sachent tous que je Jehan Rose, advocat en parlement, congnois et confesse estre retenu et dès maintenant par le teneur de ces présentes au rang du consel et pension de messeigneurs le mayeur et eschevins de le ville de Saint-Aumer et de laditte ville, pour eulx et laditte ville conseiller en toutes leurs causes quil ont et auront ou temps advenir ondit parlement et pardevant le noble consel, gens et officiers du Roy nostre sire à Paris, contre toutes personnes quelconques, excepté celles dequel conseil et pension je suy et estoye paravant la date de ces présentes, pourvu le somme de dix livres parisis que les dictz mayeur et eschevins men doivent païer chascun an aux présentacions du parlement du bailliage d'Amiens, tant come je seray à leur conseil et pension et que il leur plaira et à moy que je y soye. Et je les prometz aconseiller bien et loyaulment de tout mon povoir en la manière que dit est. En tesmoing de ce j'ay mis mon scel à ces présentes qui furent faites le premier jour du mois de février l'an de grace mil ccc soixante et un.

(*Arch. munic de St-Omer, CLXIX.*)

8

1" décembre 1364.

Guy Ponche s'engage comme conseiller pensionnaire principal (en chief) de la ville de St-Omer, à résidence fixe.

A tous cheulx qui ches présentes lettres veront ou oiront, Guy Ponche, clerc, licencié en lois, salut. Come honnérables et discrètes personnes messeigneurs mayeurs et esquevins de le ville de Saint Omer me ait retenu à leur conseil et pencion en chief contre tous et sans exception aucune, et à faire continuelle résidence avecq euls en ladite ville, pour eulx conseiller en toutes leurs causes et besoingnes présentes et advenir eulx et ladite ville, touchant par my une pension annuelle de douse vint livres parisis par an ma vie durant, à payer à termes convenus et express celon lettres sur che faictes. Sachent tous que par my la dite retenue et pencion, jou ay promis et promectz de estre et demourer au conseil d'eulx et de ledite ville contre tous en chief sans exception aucune, et de ychaux conseiller loyaument en touttes leurs dites causes et besongnes, et de faire continuelle résidence avecq eulx ma vie durante, sans che que pour aucun prinche ou seigneur ne pour autre pencion quelconques je me puisse départir d'eux, ne eulx ne ledite ville laissier; et en outre seray tenus d'aler hors pour les causes et besongnes de ledite ville touctes les foys qu'il leur pleiray, et deus tenans par my mes despens raisonnables et le louaige des kevaux, et ne pouray aler hors pour autruy se nest par licence et volenté de mess. les mayeurs qui pour le temps seront au lieu d'eulx; ke se pour mes propres besongnes il me conivent aler hors, je le doy faire scavoir à l'un d'eulx. Toutes lesquelles choses desus dictes et cascune d'ichelles j'ai enconviens et prometz par me foy et sur le obligation de tous mes biens présens et avenir, et tenir, et garder sans faire ou venir contre par my ou par autruy en temps advenir. En tesmoing de lestat des quels chose j'ay mis mon scel à ces présentes lettres faictes le premier jour de décembre l'an de grace mil ccc soixante et quatre, escrites de me propre main.

Le scel armorié de cire rouge pendant est en bon état.
(Arch. municip. de St-Omer CLXIX-2.)

II

Affaires de la ville devant le Parlement en 1322.

Chest che que li ville a à faire en parlement l'an de grace mil ccc et XXII.

Le baillie d'Amiens commenche lendemain de le S' Andrien, les présentations au samedi devant.

Il se convient présenter contre les oirs de Flandres pour relever les errements que on eut contre le conte qui sont tel :

Premièrement, sous le lagan que il voloit lever des biens des borgois, et s'en sommes afranki par point de privilège, tel et *per totam terram meam à Zewerp liberi sunt* [1].

Item, sous che que il levoit tailles sous les biens des borgois gizans en Flandres, de quoi nous sommes franc point de privilège teil : *nullum scot, nullam talliam, nullam pecuniæ exactionem ab eis exigo* [2].

Item, sur che que de tout les biens baudin de le Deverne et Jehan de le Deverne.....

Item sur les biens Willaume Longardin.
Arch. municip. (Registre F. f° XXVI).

---

[1] Privilège concédé par l'art. 5 de la charte donnée en 1127 par Guillaume Cliton XIV° comte de Flandre.

[2] Autre privilège mentionné art. 13 de la charte de 1127.

III
Règlements divers

I

3 décembre 1596

Règlement accepté par Adrien Doresmieulx, conseiller principal.

1

Assavoir que le conseiller principal ne polra estre aux gages, conseil ou service du réverendissime evesque de S¹ Omer, chapitre dudit lieu, prélat et religieux de S¹ Bertin, Clermaretz, ou aultres ecclesiastiques, ny d'aulcuns seigneurs, gentilhommes ou communaultés ayant bien, terre et seigneurie en la ville et banlieue de S¹ Omer, ou d'aultres particuliers ayant procès contre la ville de S¹ Omer, ny thirer d'aulcun d'eulx pensions ou courtoisies.

2

Que la maison ordonnée d'anchieneté pour sa demeure lui sera bailliée en bon souffisant estat à son entrée, pour en joyr ensemble des caves, laquelle maison durant son occupation il sera tenu entretenir comme bon père de famille ou usagier, saulf de gros membres et nouveaux ouvraiges, et ne polra y faire faire aulcunes choses pour sa commodité à la charge de la ville, demourens les rentes d'icelle maison à la charge de ladite ville.

3

Que Messieurs du Magistrat demeureront libres de députer où bon leur semblera ledict conseiller, ou aultre de leur chambre, et que touttefois que l'occasion se présentera de députer icelui conseiller, il debvra préalablement sortir pour laisser audict Magistrat librement faire, adviser et résoudre.

4

Que ayant esté envoyé en députation, il sera tenu faire son rapport aux plus tard dedens vingt quatre heures de son retour, ensemble requerre taxation de son voyage, bailler par escript les journées de ses vacations, spécifiquement justifiant par escript le nombre de jours, avec combien de chevaux, et quelz jours il a esté sans cheval, ensemble ses desbours, pour suyvant ce en faire despecher les ordonnances de payement.

5

Qu'il sera tenu de comparoir à touttes assemblées tant ordinaires que extraordinaires eu halle à heure limitée, mesmes adsister aux plaidz ordinaires les lundy, mardy et vendredy pour décider sommairement des petites difficultez et empescher les procédures calencontreuses.

6

Qu'il sera tenu donner advys et conseil aux eschevins besoygnant à la scelle ou aultres lieux, et estant requis et se trouver illec à leur mand, le tout sans en prendre ou avoir aucun sallaire.

7

Qu'il sera tenu minutter touttes résolutions, lettres missives et autres escriptz qui se despechent de la part de Messieurs du Magistrat, auquel effet il a distribution de pappier.

8

Que Monsieur le Maïeur ou en son absence le lieutenant demeureront libre de faire distribuer les procès et différens pour estre visitez par telz de ceulx du Magistrat ou de leurs officiers qu'ils adviseront convenir. Et ne polra le conseiller principal consulter ceus à luy délivrez ne soit par ordonnance de Messieurs après avoir eu le rapport et meriter desdits procès.

9

Que le dict conseiller ne polra demander ny exiger sallaire, rapport ou rétribution par luy ou d'aultre de sa part, pour visitation et rapport des procès ou différens entre bourgeois, manans et habitans de la ville de S' Omer et banlieue d'icelle.

10

Que de tous procès ou différens que luy seront délivrez à visiter, il rapportera le *dictum* par escript, avecq les raisons et causes de fondement de la sentence signé de luy, Et en cas de difficulté, il sera tenu vacquer avecq les aultres officiers de la chambre que besoing sera, qui signeront avecq luy le tout pour meilleure mémoire et descharge en cas d'appel ou aultres recherches.

11

Que ledict conseiller advisant un procès avecq aultres desquels sera deus sallaire de conseil soit en ceste ville ou dehors ne polra prendre pour luy aultre sallaire que le double de l'ung des consultez.

12

Et sera ledict conseiller tenu jurer à sa réception d'observer tous lesdits poinctz.

(Registre aux délibérations du Magistrat. M. f. 218 r° et v°.)

II

Règlement du 3 septembre 1619 dont Jehan Richebé dut jurer l'observation à son entrée en charge.

Ce règlement est le même que celui de 1576, auquel on a ajouté les 3 articles suivants.

1

Sera obligé de se trouver à la selle pour aider M" les échevins de semaine tous les jours.

2

Qu'il aura à sa charge les procédures criminelles, dont il sera payé des parties quand l'accusé sera condamné aux dépens.

3

Sera tenu de vaquer aux informations avec les échevins de semaines, et généralement venir, se trouver et besoigner tout et quant fois que mesdits sieurs jugeront à propos de l'appeller.

. . . .

(Registre aux délibérations. P. f. 189).

III

Règlement du 29 mars 1658 imposé à M. Louis Liot qui jura de l'observer.

On a refondu dans ce règlement ceux précédents et on y a ajouté les articles suivants :

1

» Que ledit état ne se confère que par provision et tant
» qu'il plaise à mesdits sieurs des deux années et dix

» jurés révoquer, aux gages et émoluments accoutumés,
» sauf les subventions accordées à ses prédécesseurs.

2

» Qu'il sera tenu aller, entrer, se trouver avec mesdits
» sieurs en toutes assemblées des Etats d'Artois qui se
» tiendront pendant la séance d'iceux en cette ville au
» rang que mesdits sieurs le placeront.

3

» Qu'il sera libre à M. le mayeur ou en son absence le
» lieutenant dudit mayeur de recuœillir les voix des
» députés des autres villes à la chambre particulière des
» villes aux dits Etats comme ils le cœuillent au siège
» du Magistrat.

. . . .

4

» Quant aux honneurs et préséances telles qu'elles
» peuvent être usités ou non, il n'en pourra user que
» précairement et par grâce, si longtemps qu'il plaira à
» mesdits sieurs ou leurs députés. »

(Registre aux délibérations. CC.f. 155).

§ 11

Conseillers seconds

Leur création. — Il est difficile de préciser l'époque à laquelle furent créés les conseillers seconds, et on ne peut commencer d'une manière précise à établir leur liste qu'à compter de 1465. Un peu avant cette époque en effet, Jehan Flourens, du vivant de Gérard Diclebecque, avait été désigné pour aider le conseiller principal, et avait continué cette charge sous Jehan de Pardieu, il ne recevait aucune rétribution de la ville ; mais, sur sa demande en date du 12 juin 1465, les échevins lui accordèrent 24 livres par an avec le vin de boisson sans assises et une robe tous les ans, puis, considérant en même temps sa suffisance, sa preudomie et sa qualité de bourgeois de la ville, ils le reçurent comme conseiller second.

Le rôle du conseiller second fut naturellement d'abord plus restreint que celui de conseiller principal, bien que leurs attributions ne fussent pas distinctes.

Fonctions. — A une époque où les affaires litigieuses de la ville étaient devenues plus nombreuses et plus importantes, les conseillers seconds vinrent surtout en aide au conseiller principal [1]. C'est le

---

[1] *Correspondance du Magistrat* : liasse du 10 juin 1565 au 7 juillet 1568. (Arch. municip.)

terme dont se sert le Magistrat dans ses délibérations : ainsi à la mort de Sébastien Hannedouche en 1565, l'échevinage décida de prendre deux conseillers, un principal et un second « et que le second soit » pour l'ayde dudit principal ». Ils suppléaient complètement celui-ci pendant les vacances de l'office. Tel Nicole Destiembecque qui, en 1527, exerça momentanément par intérim les fonctions de premier conseiller jusqu'à ce que la ville eût nommé un titulaire. Ils furent même surtout appelés à le remplacer pendant ses absences. Et comme à partir du xve siècle le conseiller principal était souvent obligé de séjourner plusieurs mois hors la ville auprès du prince ou des divers conseils chargés de décider les questions litigieuses, l'importance du conseiller second, qui quittait moins souvent la cité, s'accrut considérablement, et il remplaça complètement son collègue.

Nicole Destiembecque, en 1544, fut un des délégués de l'échevinage chargés de remontrer à messire de Montmorency, seigneur de Wismes, nouvellement nommé grand bailli de St Omer, que les ordonnances de 1540 ne conféraient pas aux lieutenants du bailli le pouvoir de nommer les quatre premiers échevins, quoiqu'à cet égard ait pu porter sa commission. En 1655, ce fut le second conseiller de ville qui, lorsque tous les électeurs furent assemblés pour le renouvellement du Magistrat, invita le grand bailli à se rendre à la chambre échevinale pour y exhiber les lettres du gouverneur général des Pays-Bas, datées de Bruxelles le 3 décembre, par lesquelles il continuait, au nom du roi, le Magistrat pour cette année.

Ils étaient du reste aussi bien employés à l'extérieur. Richebé remplaça complètement Doresmieulx pendant sa captivité en 1598, et fut envoyé en cour à Bruxelles pour obtenir sa délivrance. Il fut délégué des Etats d'Artois dans la même ville à la même époque [1]. Doresmieulx lui-même, d'Haffringhes, Liot, Le François, Jacques Taffin, avant de devenir conseillers principaux, furent également chargés de diverses négociations, et ce fut l'habileté déployée dans ces missions qui leur valut d'occuper un poste plus honorifique et plus important.

Obligations, Amovibilité. — Ils étaient assujettis aux mêmes obligations que les conseillers principaux, mais il semble qu'ils n'avaient qu'un cheval à entretenir. Quant au rang qu'ils occupaient au bureau, il nous paraît qu'ils siégeaient après le dernier échevin.

Ils étaient révocables aussi à la volonté du Magistrat qui rappela souvent son droit dans diverses commissions, notamment dans celles de Guillaume Le François choisi en 1658 « pour tenir ledit état » aussi longtemps qu'il plaira à mesdits sieurs » [2], de Thomas Vandolre en 1664, de Jacques Taffin nommé en 1671, où on lit : « Que ledit état se confé- » rera par provision et tant qu'il plaira à Messieurs » des deux années et dix jurés » [3], dans celle de Jean-Baptiste Titelouze désigné en 1696 « jusqu'à » ce qu'il plairoit à mesdits sieurs le rappeler », et aussi dans la commission de Joseph-Ignace Enlart,

[1] Mém. des Antiq. de la Morinie, t. XIV, p. 487, 502, 503. — Voir aussi : *le village de St-Momelin*, notice historique par Joseph du Teil, Paris, Picard, 1891, p. 51.

[2] *Charges et conditions pour la place de conseiller second en 1658*, Reg. aux délib. A f. f. 190.

[3] Registre aux délib. du Magistrat E. E. f. 156.

du 8 mars 1701, conçue dans les mêmes termes que celle du s⁻ Taffin. La commission du 9 juillet 1823 donnée au sʳ Macau porte encore les mêmes expressions ; dans celle donnée à Jean Dominique Titelouze le 30 décembre 1729 on lit « que ledit état se confère » pour en jouir jusqu'à révocation et tant qu'il » plaira à messieurs des deux années et dix jurés »[1].

Gages, vin, robe, logement. — Leurs gages étaient aussi moins considérables que ceux des conseillers principaux. Philippe-le-Bon, dans l'ordonnance de réformation de la Loy, en 1447, fixe tous ceux des officiers de ville sans mentionner les gages du conseiller second. Dans l'édit de 1500 Philippe-le-Beau n'en parle pas d'une manière spéciale, et ils se trouvent compris dans la disposition de l'article 13 : « Et quant aux gaïges des autres officiers tant gref- » fiers, portiers et autres, nous les avons remis et » remettons à la discrétion et ordonnances de nos » dits Bailly, maïeur et eschevin de Sᵗ Omer. » Ils furent donc variables, et consistèrent, outre la rétribution en argent, en vin de boisson, dans le don d'une robe pareille à celle des échevins tous les deux ans, et dans un logement.

Voici d'ailleurs divers détails sur les 25 conseillers seconds qui exercèrent de 1465 à 1764.

Nous avons parlé de Jean Flourens en 1465. Son successeur Le Vasseur, dit le Mire, reçut 40 livres au lieu de 24. Mais il était bailli général de Sᵗ Bertin, et

---

[1] Les commissions des sʳˢ Taffin, Enlart, Macau et Titelouze ont été imprimées en partie sous le titre : *Preuves nouvelles que les officiers permanens et conseillers pensionnaires des villes de l'Artois sont amovibles et révocables par les échevins* (vers 1765). *(Mélanges Artois,* t. II, à la Bibliothèque municipale).

comme la ville était en procès avec l'abbaye, il dut se retirer en 1493. L'échevinage donna 60 livres à son successeur Nicole Goffette, qu'elle avait fait venir de Montreuil.

Pierre Tardieu ou Pardieu n'eut plus que 40 livres de gages, et ce ne fut même point la ville qui les paya, elle les assigna sur les émoluments du conseiller principal de le Motte qu'il aidait de ses conseils.

Guillaume Goffette avait été demandé par son père Nicole, devenu conseiller principal, pour l'aider dans ses fonctions et avec promesse de survivance. Il obtint 60 livres, et 23 autres pour les frais et transport de son ménage à St Omer. Il dut prendre l'engagement de ne recevoir ni pension ni gages de M^{rs} du chapitre ni d'autres seigneurs.

Il quitta ses fonctions le 13 juillet 1522, et Messieurs s'adressèrent à Gui Buce, avocat, conseiller pour l'empereur au siège de Beauquesne, qui consentit à venir aux gages de 80 livres, payables tous les trois mois, et obtint une maison pour sa résidence. Il fut nommé à vie en 1522 avec promesse de remplacer le premier conseiller après sa mort. Mais l'évêque d'Arras le choisit en 1523 comme prévôt de la cité d'Arras, et après avoir cherché à le retenir, les échevins durent le laisser s'éloigner.

Nicole Destiembecque ne fut pas nommé à des conditions aussi onéreuses, il n'eut que 40 livres, et en 1527, une indemnité de 20 livres parce qu'il n'y avait pas de conseiller principal.

En 1556, soixante livres furent accordées à Jacques Duval, et cent à Pierre de Marusan, licencié en droit, avocat au conseil d'Artois, en 1565. Ce dernier venait de Frise, il avait fait valoir qu'il savait le flamand et avait même fait sa demande à l'échevinage en

flamand et en français ; il fut préféré à Pierre de
Quiéwille et à Jacques de Latre d'Arras [1], il avait eu
d'ailleurs l'appui du premier président du conseil
d'Artois.

Adrien Doresmieulx lui succéda, il avait été recommandé par M. du Mont-S'-Eloy, conseiller au conseil
d'Artois ; outre les cent livres de gages, le vin de
boisson et un logement convenable, il eut six sols
parisis pour son cheval quand il sortait de la ville
pour les affaires de celle-ci.

Lorsqu'il fut nommé conseiller principal, il se
présenta plusieurs concurrents pour lui succéder :
M° François Delattre, licencié ès-loix et ancien
échevin, M° Jossé Carré et Jehan Bonvoisin, procureur
de ville ; mais l'influence de M. Le Bailly, conseiller
au conseil d'Artois, fit désigner Jehan Richebé, avocat
au même conseil. On lui accorda, lorsqu'il arriva en
1597, une somme de cent florins pour le transport
de son ménage ; quant à ses gages, ils ne furent pas
fixés d'une manière précise, on stipula en sa faveur
ceux accoutumés, mais « sauf à mesdits sieurs lui
» assigner cy après telles pensions ou gratifications
» proportionnées aux services à rendre par ledit
» M. Richebé ». Il déclara en outre qu'il se conformerait au règlement du 7 mai 1596, qui fut imposé
aussi à ses successeurs.

Gérard Aubron, procureur de ville, présenta sa
requête à messieurs des deux années et aux jurés
au conseil pour succéder à Richebé, et il prêta serment le 3 septembre 1619.

En 1636 Antoine d'Haffringhes fut préféré à

---

[1] *Correspondance du Magistrat.* Liasse du 10 juin 1565 au
7 juillet 1568, aux arch. municip.

l'avocat Adrien Le Gay ; Antoine de Vienne, échevin juré au conseil d'Aire, Auguste Liot, François Cardon se présentèrent en 1643, et le premier fut nommé. Thomas Vandolre l'emporta en 1664 sur divers concurrents, et Jacques Taffin eut à lutter contre Philippe Enlart, André Guilluy, André Sergeant et Louis Hannon qui, en 1671, avaient sollicité la place.

Depuis 1636 d'ailleurs, les émoluments n'en avaient pas varié. Ils étaient de cent livres. Mais par le règlement de Charles II, roi d'Espagne, du 8 février 1673, les gages furent fixés définitivement à 500 florins 8 patars.

En 1696, la ville acheta la charge de conseiller second comme elle avait réuni celle de conseiller premier. Jean-Baptiste Titelouze, avocat, qui avait avancé la somme de 6000 livres à la ville pour l'aider à payer le prix de la réunion des offices, fut pourvu de la charge.

Son successeur Joseph-Ignace Enlart fut nommé à charge de rendre et restituer aux héritiers du sʳ Titelouze la somme de 6000 livres.

Jacques-François Macau dut s'engager en 1723 à rembourser 1500 livres au sʳ Enlart. La dette passa à Jean-François-Dominique Titelouze ; mais ce dernier dut démissionner en octobre 1738 entre les mains de l'intendant, qui le remplaça par Thomas-Joseph Enlart.

Le serment, qui jusqu'alors avait été prêté devant le Magistrat par les titulaires à leur entrée en fonctions, fut prononcé par le sʳ Enlart devant Mᵉ Antoine-François Crépin, procureur de ville, et celui du dernier conseiller second, nommé également par l'intendant, fut reçu par son subdélégué à St Omer le 30 juillet 1759.

Les conseillers seconds disparurent en 1774 en même temps que les conseillers principaux.

LISTE DES CONSEILLERS PENSIONNAIRES SECONDS
de la ville de Saint-Omer avec la description de leurs armoiries [1].

12 *juin* 1465. — Jehan FLOURENS, avocat [2].

3 *juin* 1482. — Louis LE VASSEUR, dit LE MIRE, conseiller et bailli général de S¹ Bertin. Serment du 6 juin.

11 *septembre* 1493. — Nicole GOFFETTE, avocat à Montreuil. Conseiller principal en 1515.

7 *juillet* 1499. — Pierre TARDIEU, ou PARDIEU, licencié ès lois, procureur de ville.

19 *février* 1520. — Guillaume GOFFETTE, fils de Nicole. Se démet de son office le 13 juillet 1522.

27 *août* 1522. — Gui BUCE, licencié ès lois, avocat, conseiller pour l'empereur au siège de Beauquesne. Nommé prévôt de la cité d'Arras en 1523, quitta la ville.

15 *décembre* 1523. — Nicole DESTIEMBECQUES, licencié ès lois. Mort en 1556.

8 *octobre* 1556. — Jacques DUVAL, licencié ès lois, receveur de la Magdelaine et échevin. Reçu pour commencer son service la veille des Rois 1557.

13 *août* 1565. — Pierre DE MARUSAN, licencié ès lois, natif de Frise.

6 *mars* 1576. — Adrien DORESMIEULX, licencié ès lois, avocat au conseil d'Artois. Prêta serment le

---

[1] On ne peut donner la liste des conseillers seconds avec quelque certitude qu'à partir de Jehan Flourens en 1465. Quant aux armoiries, nous ne donnons que celles qui n'accompagnent pas déjà les noms des conseillers principaux.

[2] *Registre aux délibérations du Magistrat.* B. f. 65.

11 décembre. Conseiller principal le 7 mai[1].

18 *mars* 1597. — Jehan RICHEBÉ, licencié ès lois, avocat au conseil d'Artois. Conseiller principal en 1619[2].

3 *septembre* 1619. — Gérard AUBRON, licencié ès lois, procureur de ville. Mort en 1636[3].

10 *avril* 1636. — Antoine D'HAFFRINGUES, licencié ès lois. Conseiller principal le 8 octobre 1638.

20 *septembre* 1638. — Nicolas TAFFIN, licencié ès lois et échevin. Nommé en 1643 député général des villes aux Etats d'Artois[4].

10 *décembre* 1643. — Antoine DE VIENNE, licencié ès lois[5],

d'argent au chevron de sinople, accompagné de trois grues de même posées deux en chef, une en pointe.

7 *février* 1653. — Louis LIOT, avocat au conseil d'Artois, échevin et lieutenant mayeur. Devint conseiller principal en 1658.

16 *juillet* 1658. — Guillaume LE FRANÇOIS, avocat et ancien échevin[6]. Conseiller principal en 1664.

8 *juillet* 1664. — Thomas VANDOLRE, écuier, avocat[7],

---

[1] *Registre aux délibérations du Magistrat.* M. f. 217 v°. Voir la *Biographie de St-Omer,* de M. Piers.

[2] *Registre aux délibérations du Magistrat.* M. f. 217 v°. Voir la *Biographie de St-Omer,* de M. Piers.

[3] *Registre aux délibérations du Magistrat.* P. f. 190.

[4] *Registre aux délibérations du Magistrat.* V. f. 10. Le député général des villes fut appelé plus tard député ordinaire ; il résidait à Arras pendant le temps de sa députation.

[5] *Registre aux délibérations du Magistrat.* W. f. 145. Natif de St-Pol, procureur général au conseil d'Artois à Saint-Omer en 1652, mort en cette ville le 3 juillet 1658, inhumé dans l'église du Saint-Sépulcre.

[6] *Registre aux délibérations du Magistrat.* CC. f. 190.

[7] Conseiller au conseil d'Artois à Saint-Omer en 1671, puis à celui d'Arras en 1689.

d'or semé de fleurs de lys d'azur, au lion rampant de gueules, armé et lampassé de même.

6 *mai* 1671. — Jacques TAFFIN, s' du Hocquet, écuier et avocat [1]. Conseiller principal en 1696.

Vénalité des charges

29 *octobre* 1696. — Jean-Baptiste TITELOUZE, avocat [2],
d'argent à une aigle éployée de sable, supportée par un croissant de même remply d'or.

8 *mars* 1701. — Joseph-Ignace ENLART, avocat [3]. Conseiller principal en 1723.

9 *juillet* 1723. — Jacques-François MACAU, ancien lieutenant-général au baillage. Conseiller principal en 1729 [4].

30 *décembre* 1729. — Jean-François-Dominique TITELOUZE, avocat, procureur de ville [5]. Donna sa démission entre les mains de M. de Chauvelin, intendant, en octobre 1738.

1er *novembre* 1738. — Thomas-Joseph ENLART, avocat et procureur de ville. Nommé par lettres de M. de Chauvelin datées d'Amiens du 1er novembre 1738, prêta serment le 14 novembre. Conseiller principal en 1759.

27 *juillet* 1759. — Antoine-Joseph DE CANCHY, avocat, échevin juré au conseil. Nommé aussi par l'intendant par lettres datées de Dunkerque du 27 juillet, prêta serment le 30. Conseiller jusqu'à la suppression de l'office.

[1] Registre aux délibérations du Magistrat, EE. f. 156.
[2] Décédé en 1701 à l'âge de 55 ans.
[3] *Arch. nat.* AD. II A XVI.
[4] *Arch. nat.* AD. II A XVI.
[5] Fils de Jean-Baptiste ci-dessus, il mourut le 12 février 1745 âgé de 65 ans. *Arch. nat.* AD. II A XVI.

Conseillers pensionnaires seconds

PIÈCES JUSTIFICATIVES

18 mars 1597

Règlement accepté par Jehan Richebé conseiller second.

1

Que ledit conseiller second ne polra estre aux gages, conseil ou service du réverendissime evesque de S' Omer, chapitre dudit lieu, prélat et religieux de S' Bertin, Clermaretz, ou aultres ecclesiastiques, ny d'aulcuns seigneurs, gentilxhommes ou communaultés ayant bien, terre et seigneurie en la ville et banlieue de S' Omer, ou d'aultres particuliers ayant procès contre la ville de S'-Omer, ny thirer d'aulcun d'eulx pension ou courtoisies.

2

Que ayant esté envoyé en députation, il sera tenu faire son rapport aux plus tard dedens vingt quatre heures de son retour, ensemble requerre taxation de son voyage, bailler par escript les journées de ses vacations, spécifiquement justifiant par serment le nombre de jours, avec combien de chevaux et quelz jours il a esté sans cheval, ensemble ses débours, pour suyvant ce en faire despecher les ordonnances de paiement.

3

Qu'il sera tenu de comparoir... (c'est l'art. 5 du règlement de 1596 applicable aux conseillers principaux).

4

Qu'il ne polra demander ny exiger sallaire (c'est l'art. 9 du règlement de 1596).

5

Que de tous procès ou différens (c'est l'art. 10 du règlement de 1596).

6

Que ledict conseiller advisant (c'est l'art. 11 du règlement de 1596).

7

Que ledict conseiller sera tenu se trouver journellement aux heures ordinaires à la scelle pour adsister les eschevins sepmainiers à décider des causes quy se y traictent, et vacquer à l'instruction des procès criminelz, desquelz debvoirs et faictz à l'instruction desditz procès criminelz il sera payé de ses vacations quand partie est condamnée ès despens.

8

Et sera tenu ledict conseiller jurer (art. 12 du règlement de 1596.)

(Registre aux délibérations du Magistrat. M. f. 226)

TABLE

	Pages.
AVANT-PROPOS	5
§ 1 — LES CONSEILLERS PRINCIPAUX	5
Création	5
Fonctions dans la ville et au dehors	6
Recrutement	13
Obligations. — Résidence. — Amovibilité	15
Gages ou pension. — Incompatibilités. — Logement, vin, robe	18
Serment	24
Rang	25
Vénalité des charges. — Suppression en 1764	26
Liste des conseillers pensionnaires principaux de 1317 à 1764 avec la description de leurs sceaux ou armoiries	29

PIÈCES JUSTIFICATIVES

I

Nominations diverses

Nominations de 1317, 1322, 1327, 1330, 1331	37
Nomination de Jehan Rose en 1361	38
Nomination de Guy Ponche en 1364	39

II

Affaires de la ville de St-Omer devant le Parlement en 1322. 40

III

Règlements divers.

Règlement du 3 décembre 1596	41
— du 3 septembre 1619	43
— du 29 mars 1658	43

§ 2 — LES CONSEILLERS SECONDS 45
    Création 45
    Fonctions 45
    Obligations. — Amovibilité 47
    Gages, vins, robe, logement 48
    Détails sur les 25 conseillers seconds en exercice de 1465 à 1764 48
    Liste des conseillers seconds de 1465 à 1764, avec leurs armoiries 52

PIÈCES JUSTIFICATIVES

Règlement du 18 mars 15..   55

OUVRAGES DE M. PAGART D'HERMANSART

Secrétaire-général de la Société des Antiquaires de la Morinie, associé correspondant de la Société des Antiquaires de France, membre correspondant de la Société des Études historiques de Paris, de l'Académie d'Arras, de la Société académique de Boulogne et de la Société royale héraldique italienne à Pise.

Statistique de Saint-Omer en 1730. Broch. in-8°, 22 p. Fleury-Lemaire, Saint-Omer 1880. — *Epuisé*. (Bulletin des Antiq. de la Morinie.)

Les anciennes Communautés d'arts et métiers à Saint-Omer. 2 vol. in-8°, V, 744 et 405 p. avec 4 planches. Fleury-Lemaire, Saint-Omer 1879 et 1881. (Cet ouvrage a mérité une mention honorable au concours des Antiquités nationales de l'Académie des Inscriptions et Belles-Lettres en 1882.)

Les Montgolfières à Saint-Omer en 1784. Broch. in-8°, 3 p. Fleury-Lemaire, Saint-Omer 1882.

Convocation du Tiers-Etat de Saint-Omer aux Etats-généraux de France ou des Pays-Bas en 1308, 1346, 1420, 1427, 1555 et 1789. Broch. in-8°, 60 p. D'Homont, Saint-Omer 1883.

L'Artois réservé, son Conseil, ses Etats, son Election à Saint-Omer de 1640 à 1677. Broch. in-8°, 50 p. D'Homont, Saint-Omer 1883.

L'ancienne Chapelle de S' Omer dans l'église N.-D. de Saint-Omer et le chanoine Guilluy. Broch. in-8°, 14 p. D'Homont, Saint-Omer 1883.

La Ghisle ou la Coutume de Merville 1451. Broch. 86 p. D'Homont, Saint-Omer 1884. (Ce travail a été lu au Congrès des Sociétés savantes tenu à la Sorbonne en 1883.)

Le dernier Président lieutenant-général de la sénéchaussée du Boulonnais, 1770 à 1790. Broch. in-8°, 12 p. Vve Charles Aigre, Boulogne-s-Mer 1885. — Épuisé.

Les Lieutenants-généraux au bailliage d'Ardres, 1568-1790. Broch. in-8°, 21 p. D'Homont, Saint-Omer 1885.

Le sol de Thérouanne de 1553 à 1776. Broch. in-8°, 4 p. D'Homont, Saint-Omer 1885.

Les Maisons d'éducation d'Écouen et de Saint-Denis et les vassaux de Coppenbrugge en 1811. Broch. g⁴ in-8°, 10 p. Ernest Thorin, Paris 1885. (A été publié dans la *Revue des études historiques* en 1885.)

Un Magistrat municipal à Saint-Omer en 1790. Broch. g⁴ in-8°, 26 p. A. Sauton, Paris 1886. (Extrait de la *Revue de la Révolution.*)

Hospices de Blessy et de Liettres dans l'ancien bailliage d'Aire-sur-la-Lys. Broch. in-8°, 6 p. D'Homont, Saint-Omer 1886.

La Maison de Laurétan issue des Lorédan de Venise, en Allemagne, dans les Pays-Bas et en Artois. Broch. in-8°, 81 p. 1 planche armoirie. D'Homont, Saint-Omer 1886.

Les Cygnes de Saint-Omer. Fiefs et Hommages. La Garenne du Roi. Broch. in-8°, 21 p. D'Homont, Saint-Omer 1887. (Journal de la Société héraldique italienne, février 1887, p. 132.)

Documents inédits sur l'Artois réservé. Broch. in-8°, 15 p. D'Homont, Saint-Omer 1887. (Fait suite à l'*Artois réservé, son Conseil, etc.*)

Le Siège de Saint-Omer en 1677. Réunion de l'Artois réservé à la France. Broch. in-8°, 98 p. D'Homont, Saint-Omer 1888.

L'Original de la Capitulation civile de Saint-Omer en 1677 et les Archives municipales. Broch. in-8°, 6 p. D'Homont, Saint-Omer 1890.

Le Biguet d'Houdain, mesure de capacité en usage dans quelques communes du bailliage de Saint-Omer. Broch. in-8°, 3 p. D'Homont, Saint-Omer 1890.

St Antoine ermite, patron des Corroyeurs, honoré dans

l'église Saint-Sépulchre, à Saint-Omer. Broch. in-8°, 2 p. D'Homont, Saint-Omer 1891.

Notice sur la vie et les travaux de M. Louis Deschamps de Pas, membre correspondant de l'Institut. Broch. g⁴ in-8°, 63 p. D'Homont, Saint-Omer 1891.

Le Paratonnerre de Saint-Omer en 1780. — Le testament de M. de Vissery. — La revanche des Echevins. Broch. in-8°, 16 p. D'Homont, Saint-Omer 1891.

Les Conseillers pensionnaires de la ville de Saint-Omer avec la description de leurs sceaux et armoiries, 1317 à 1764. Broch. in-8°, 58 p. D'Homont, Saint-Omer 1892.

En préparation

Inventaire des Reliquaires, Joyaulx et Ornements de la Chapelle de Notre-Dame des Miracles, à Saint-Omer, en 1559. (Bulletin archéologique du Comité des travaux historiques et scientifiques du Ministère de l'Instruction publique.)

Le Maître des hautes œuvres ou Bourreau à Saint-Omer.

www.ingramcontent.com/pod-product-compliance
Lightning Source LLC
LaVergne TN
LVHW021744080426
835510LV00010B/1333